novum pro

Beat Inderbitzin

Weißbuch für Lehrplaninhalte der Zukunft

novum pro

Bibliografische Information
der Deutschen Nationalbibliothek:

Die Deutsche Nationalbibliothek
verzeichnet diese Publikation in
der Deutschen Nationalbibliografie.
Detaillierte bibliografische Daten
sind im Internet über
http://www.d-nb.de abrufbar.

ISBN 978-3-99064-639-7
Lektorat: Isabella Busch
Umschlagfoto:
© Puchan | Dreamstime.com
Umschlaggestaltung, Layout & Satz:
novum Verlag
Innenabbildungen:
Seite 6, 52: Rfischia | Dreamstime.com,
Rest: Beat Inderbitzin

Gedruckt in der Europäischen Union
auf umweltfreundlichem, chlor- und
säurefrei gebleichtem Papier.

www.novumverlag.com

Martin 5, Katrin 4, Adrian 7, Eva 5, auf dem Bunderspitz

Erdaufgang vom Mond aus gesehen

Was euch erwartet:

Liebe Kinder, liebe Erwachsene, liebe Politiker dieser Erde

Ich schreibe diesen Lehrplan aus Verzweiflung, als Vater von drei Kindern, als Großvater von vier Enkeln und als Sekundarlehrer mit bald vierzig Jahren Lehrerfahrung. Nach mehr als sechs Jahrzehnten auf diesem wunderschönen Planeten frage ich mich: Was hinterlassen wir unseren zukünftigen Generationen? Atommüll, ein Klima außer Rand und Band, eine gletscherlose Gebirgswelt, unbezahlbare Umweltschäden, verdreckte und leer gefischte Weltmeere, abgeholzte Urwälder, vergiftete Luft, zubetonierte Landschaften! (WWF-Report vom 30.10.2018)

Wie uns die Astronauten (z. B. Alexander Gerst, WWF, YouTube) bestätigen, gibt es weit und breit nur eine einzige Erde. Vom Mond aus betrachtet, verschwindet der Planet Erde hinter dem Daumen einer ausgestreckten Hand (Jim Lovell, Apollo 8,13). Würde ein extraterrestrisches Lebewesen aus 400 km Höhe zuschauen, wie wir uns bekriegen, den Urwald abbrennen, die Luft verschmutzen, so käme es zu dem Schluss, dass es auf diesem Planeten kein intelligentes Leben gibt, da die Lebensgrundlage von den Bewohnern selber zerstört wird. Wir intelligenten und hochzivilisierten Erwachsenen beuten diesen Planeten gnadenlos aus und unsere Kinder und Kindeskinder haben das Nachsehen. Wir Hightech-Menschen heizen die Erde brutal auf, sodass alle Gletscher weltweit in Kürze ausbluten.

Es gibt die fantastische Aufnahme der aufgehenden Erde, vom Mond aus gemacht (Earthrise, Apollo 8). Schon Kindergartenkinder sind vom Mond-Film „Im Schatten des Mondes" fasziniert. Die Zerbrechlichkeit und Einzigartigkeit unseres Planeten muss allen Kindern dieser Welt ganz klar vor Augen geführt werden! Nur so wird ihnen bewusst, dass wir dieses Juwel schützen müssen.

Deshalb müssen alle Kinder dieser Welt wissen:

- Es gibt nur eine Erde.
- Im Moment brauchen die Industrienationen zwischen 3 (CH) und 8 (Katar), weltweit insgesamt 1,7 (WWF 30.10.2018), bis 2050 werden es 2 sein, und stehlen damit den zukünftigen Generationen die Rohstoffe (Footprint, Overshootday).
- Mit dem Lebensstil der zivilisierten, hoch entwickelten Staaten zerstören wir die Lebensgrundlage zukünftiger Generationen durch Ausbeutung und Klimaerwärmung.
- Es hat sich noch jede Hochkultur zugrunde gerichtet: Ägypter, Römer, Griechen, Osterinsel etc. (Kollaps, Jared Diamond); dies geschah früher lokal, heute global!
- Nicht einmal die Eltern denken an die Zukunft ihrer Kinder, es herrscht das Motto „Nach uns die Sintflut“. Deshalb müssen ab sofort die Kinder die Eltern erziehen!
- „Billig“ (auch: „Geiz ist geil“) heißt immer auf Kosten von anderen Menschen und der Umwelt (Film „we feed the world“)
- Wir können den Planeten retten, aber es eilt sehr! Wir müssen so schnell wie möglich weg von den fossilen Energieträgern, hin zum Wasserstoff und zur 2000 Watt Gesellschaft.

Das Schulzimmer

Alle Schülerinnen und Schüler tragen Schuluniformen, da sie praktisch sind, nicht vom Unterricht ablenken und ein Zusammengehörigkeitsgefühl vermitteln. Sie verhindern auch, dass Kinder in Tarnanzügen als Kindersoldaten umherlaufen und sich als etwas Besonderes fühlen. Der Labelstress entfällt ebenfalls oder dass hässliche Totenschädel Tod und Verderben ins Klassenzimmer bringen, anstatt Fröhlichkeit und Leben.

Die Kulturtechniken Rechnen, Lesen und Schreiben sind enorm wichtig, damit die Kinder verstehen, wie das Leben funktioniert. Mit den Fächern von Mensch und Mitwelt lernt das Kind staunen und begreift, dass wir für unseren Planeten verantwortlich sind. Mit konkreten Beispielen erfahren sie, wo wer wie unsere Erde ausbeutet und zerstört. Die großen Zusammenhänge werden schonungslos offengelegt, Kausalketten zeigen auf, wie es zu Flüchtlingsströmen kommt. An einer Wand hängen die gesammelten Fortschritte zur Rettung unseres Planeten, an der anderen die aktuellen Umweltkatastrophen.

Vorschläge zur Gesundung der Erde werden fächerübergreifend thematisiert und zu Hause weitererzählt. Neue Begriffe wie Foodwaste, Footprint, Peakoil, fuel cell, Kostenwahrheit, Welterschöpfungstag werden grundsätzlich erörtert und zu Hause mit den Eltern diskutiert.

Die Schüler wissen, dass es um ihre Lebensgrundlagen geht, welche die Erwachsenen zerstören und dass sie die Retter des Planeten Erde sind, indem sie eine rigorose Verhaltensänderung bei ihren Eltern und Großeltern bewirken.

Sie erfahren auch, dass ihr Körper ein Wunder der Natur ist, das es zu nutzen und zu schützen gilt. Wie die Kinder zu den Lerninhalten kommen, ist der engagierten, topmotivierten Lehrperson überlassen. Wichtig ist, dass das Wissen immer aktuell ist und immer die gebeutelte Erde im Zentrum steht.

Diverse selbst gefertigte Solarspielzeuge und Experimentierkästen schmücken das Zimmer. Fotos vom Hubbelteleskop zeigen die unendliche Vielfalt und die unbegreiflichen Dimensionen unseres Universums, „the blue marble“ zieht einsam und verlassen seine Bahn um die Sonne. Zum Schuljahresschluss zeigen die SchülerInnen den Eltern, der Presse, den Politikern, welche Fortschritte übers Jahr erzielt wurden und was im kommenden Schuljahr ansteht.

Am Welterschöpfungstag (= Overshootday) veranstalten alle Kinder dieser Welt Protestmärsche und zeigen auf Plakaten und in den Medien, dass ab Ende Juli (1.8.2018, Tendenz abnehmend) die Erwachsenen der Ersten Welt die den Kindern zustehenden Ressourcen stehlen. Der Overshootday wird umrahmt von zwei autofreien Sonntagen. Jede Industrienation veranstaltet zudem einen „nationalen Erschöpfungstag" („Black No – Future Day"), der in der Schweiz im April (7.5.2018, Tendenz abnehmend) stattfindet und dem ein autofreier Sonntag vorausgeht und einer nachfolgt. Auch hier protestieren die Kinder national, dass man ihnen ihre Rohstoffe und Energievorräte klaut. In Katar ist das bereits Anfang Februar der Fall, in Vietnam Ende Dezember und in Bangladesch nie.

Regelmäßige Exkursionen zu Hotspots wie Smdk (Sondermülldeponie Kölliken, CH), KKWs, zu Lerninstituten wie Technorama, PSI (Paul Scherrer Institut, Würenlingen, CH), Verkehrshaus mit Planetarium, Umweltarena vertiefen das Wissen und ermöglichen den Kontakt mit Vollprofis, welche von den SchülerInnen mit unangenehmen Fragen gelöchert werden.

Helden aus Wissenschaft und Wirtschaft halten regelmäßig Vorträge. Ich denke da an Josef Jenni, Anton Gunzinger, Ralph Schnyder, Lino Guzzella … Auch sie stehen anschließend für kritische und bange Fragen Rede und Antwort.

Wahnsinn, Irrsinn

Vor 50 Jahren haben Menschen den Mond betreten (Film „Im Schatten des Mondes"). Diese technische Meisterleistung macht Hoffnung. Schon damals wusste man, dass nur der Wasserstoff als Energieträger solche unglaublichen Abenteuer ermöglicht. Leider ist die Brennstoffzelle als Stromlieferant in Vergessenheit geraten und wird erst heute wieder weiterentwickelt. Stattdessen hat sich in den letzten Jahrzehnten Irrsinniges zugetragen, hier eine beliebige Auswahl:

- Es gibt immer mehr Superreiche und immer mehr Superarme und goldene Fallschirme
- Im Lotto kann man jetzt schon über 1000 Millionen gewinnen (= 1 Milliarde)
- Der Mini Cooper, gedacht als benzinsparendes Auto während der Erdölkrise 1973, hat sein Gewicht von den ursprünglich 750 kg auf 1,5 t verdoppelt!
- Alle Autos sind breiter und schwerer geworden, obwohl sich die Fläche der Schweiz (und auch der gesamten Erde) nicht vergrößern lässt, die Bevölkerung sich aber im gleichen Zeitraum nahezu verdoppelt hat!
- Elterntaxis bringen die Kinder in die Schule, gefährden so die Freundschaften, rauben den Kindern die Sozialkontakte und die tägliche Fitness
- Zu Hause läuft man im Winter in Unterwäsche im überheizten Haus (Wohnung) herum
- Man fährt zum Shoppen kilometerweit über die Grenze, ohne das Auto mitzurechnen
- Die Motorenleistungen haben zugenommen, die Beschleunigungen ebenfalls, obwohl die Staustunden massiv zunehmen
- Kreuzfahrten sind extrem umweltbelastend, aber billig und satt machend und deshalb sehr beliebt. Die Passagiere verstopfen bei ihren Landausflügen die Dörfer, Restaurants und WCs und werden zum Ärgernis der einheimischen Bevölkerung
- Fliegen ist im wahrsten Sinne des Wortes dreckbillig und zum Menschenrecht geworden
- Schulabschlussreisen werden mit dem Flugzeug gemacht (z. B. nach Berlin)
- Wir rechnen ab 2050 mit einer Weltbevölkerung von 10 Milliarden = 10'000 Millionen
- Um Gletscher zu retten, werden sie mit Plastikfolie zugedeckt
- Geiz ist geil – die allgegenwärtige Mentalität beim Konsumwahn
- Verpackungs- und Müllwahnsinn greift um sich
- > 10-facher Overkill: Die Menschheit könnte mit unseren (Atom-)Waffenarsenalen mehrfach ausgelöscht werden

Die Aufzählung ist nicht vollständig und ließe sich beliebig fortsetzen, but fun's over now! Damit es unserem fiebrigen und geschändeten Planeten wieder besser geht, braucht es einschneidende Maßnahmen, die sofort (ab 2020) umzusetzen sind:

- Temporeduktionen: 22/55/77 will heißen 22 km/h innerorts und auf Passstraßen, 55 km/h außerorts, 77 km/h auf Autobahnen, generell, weltweit
- Überall leise Straßenbeläge (Flüsterbeläge) mit geringstem Rollwiderstand verbauen
- Die Pannenstreifen werden sofort für die Elektromobilität freigegeben, auch für E-Bikes
- Generelles Verbot von Zweitaktmotoren (Mofa, Gartengeräte etc)
- Autos besteuern nach Gewicht x Bodenfläche x Hubraum (z.B. 2t x 4 m^2 x 2500 cm^3 = 20'000.-) dieses Geld brauchen wir für die Wasserstoffforschung an ETH, Uni, FH
- Autofreie Sonntage, Elektromobilitäts-Sonntage, Verbot von Auto- und Motorradrennen
- Abfallbekämpfung: 5.- Franken Pfand auf Aludosen und Glasflaschen
- Alle Häuser werden top isoliert und solar aufgerüstet
- Milliardäre werden verpflichtet, je die Hälfte ihres Vermögens in die Wasserstoffforschung zu investieren, damit kämen > 2000 x 0.5 Mia > 1000 Mia > 1 Billion Franken zusammen
- Ökosteuern auf fossile Energieträger erheben
- Es gibt nichts mehr gratis, außer saubere Luft und Sonne
- die Lottogewinne werden auf 1000.- Franken begrenzt
- VIPs aus Film, Musik und Sport (evtl. verdiente Politiker) stellen sich für die Rettung unseres Planeten zur Verfügung (Leonardo di Caprio ist Sondergesandter der UNO für das Klima, Roger Federer ist …? Ronaldo, Messi sind …?) Cate Blanchett: Solar Aid Aktivistin
- Es gibt keine Werbung mehr außer für den Schutz des Planeten (Verhütung, Einkind-Ehen)
- Die absolut transparente, allumfassende Kostenwahrheit gilt für sämtliche Produkte
- 1 m^3 Trinkwasser kostet ab sofort 5.- Franken, ebenso 1 m^3 Abwasser

Auch diese Aufzählung kann man beliebig fortsetzen. Je länger wir mit den auf den ersten Blick rigorosen Maßnahmen warten, desto schlimmer werden sie in Zukunft. Viele obengenannten Vorschläge tun gar nicht weh, sondern erhöhen die Lebensqualität: weniger Lärm, weniger Stau, weniger Unfälle, mehr Fitness und bessere Luft.

Gestern standen wir noch einen Schritt vor dem Abgrund, heute (2016–2018) sind wir schon einen Schritt weiter:

- Waldbrände in Portugal, Griechenland, Kalifornien fordern Dutzende von Toten
- Die Gletscher schmelzen doppelt so schnell wie angenommen und haben in den letzten 10 Jahren 20% an Masse (nicht an Länge) verloren
- Starkniederschläge in Sierra Leone fordern Hunderte von Toten
- Dürrekatastrophen im Südsudan
- Hangrutsche in der Schweiz fordern Todesopfer
- Kriege um Wasser und Rohstoffen und angesichts der Überbevölkerung
- Artensterben in Extremen, z. B. Insekten
- Pandemien: Diabetes, Herz/Kreislaufprobleme
- Trockenster Sommer seit Langem in Nordeuropa: Notschlachtung von Vieh wegen Wasser- und Futtermangels auf den Almen

Die Hauptschuldigen an der Zerstörung unserer Erde: fossile Energieträger Kohle, Erdöl, Erdgas

Vor 150 Jahren entdeckte man per Zufall das Erdöl, welches sich viel praktischer als Kohle handhaben ließ. Da es flüssig war, einen sehr hohen Energieinhalt hatte und zu Beginn freiwillig aus den Bohrlöchern sprudelte, eignete es sich hervorragend zum Transport und zur Verbrennung.

Niemand dachte damals an die Folgen einer totalen Abhängigkeit und an die Folgen der Abgase in der Atmosphäre. Zum ersten Mal kam das böse Erwachen während der Erdölkrise im Jahr 1973. Die Araber drehten den Erdölhahn zu und der Saft wurde sehr rasch zur Mangelware. Ich erinnere mich an die Hamsterkäufe von Abfallsäcken, welche damals den Abfalleimer ablösten und an die drei autofreien Sonntage, welche für uns Junge ein Riesenspaß waren. Das aktuellste Beispiel, wie brutal die Abhängigkeit von fossilen Energieträgern ist, zeigt sich gerade in Venezuela. Obwohl dieses erdölreiche Land eigentlich Energie im Überfluss besitzt, verarmen die Leute, stehen vor leeren Regalen und werden sogar zu Flüchtlingen. Dieses aktuelle Beispiel muss ganz genau analysiert und daraus die Lehren gezogen werden.

Die Schweiz hat sich einmal geschworen, frei und unabhängig zu sein, dabei sind wir brutal abhängig (> 75 %) von Erdöl und Erdgas, welches wir nicht selber besitzen. Hauptlieferanten sind zurzeit Nigeria und Kasachstan, das Erdgas stammt hauptsächlich aus Russland.

Die finanzielle Konsequenz ist das Abfließen von riesigen Geldmengen ins Ausland und zwar in die Taschen von Terroristen und totalitären Regimen. Man spricht von einer Milliarde CHF pro Monat oder anders gesagt, 12'000 Millionen Franken pro Jahr, die in falsche Hände gelangen. Wo es um so viel Geld geht, werden Kriege geführt, die unermessliches Leid und gigantische Flüchtlingsströme auslösen. Dieses Geld könnten wir hier für Bildung und Forschung dringendst gebrauchen!

Dass im Zusammenhang mit der Förderung und dem Transport von fossilen Energieträgern riesige Umweltkatastrophen einhergehen, muss durch entsprechende Bilder und Berichte immer wieder vor Augen gehalten werden (Tarsands, Fracking, Öl-Tankerunfälle, Offshore Bohrinseln, die explodieren oder vom Sturm zerstört werden: Film „Deepwater Horizon", ...)

Das Schlimmste und Heimtückischste an Kohle, Erdöl und Erdgas sind die Abgase, welche beim Verbrennen in die Atmosphäre gestoßen werden. Heute weiß man, dass Kohlenstoffdioxid, CO2, maßgeblich an der Klimaerwärmung beteiligt ist (an inconveniant truth, Al Gore). Seit 2012 ist jeder Sommer heißer geworden und seit 2018 fehlen auch noch die Niederschläge. Dürren und Unwetter wechseln sich ab und vertreiben die Menschen aus ihrer Heimat. Das weltweite Abschmelzen der Gletscher hat dramatische Folgen für die Wasserversorgung, die Energiegewinnung und den Permafrostboden im Hochgebirge. Der Bergsturz von Bondo war ein Vorgeschmack, wie dramatisch sich die Klimaerwärmung auswirkt. Die Versicherungsbranche muss sich die Frage nach der Bezahlbarkeit stellen. Der Ökonom Nicolas Stern hat vor 10 Jahren schon die Forderung nach Investitionen in den Klimaschutz gestellt: „Wenn wir jetzt nicht investieren, müssen wir nachher reparieren und das können wir nicht mehr bezahlen"! Schauen wir, was im Oktober/November 2018 im Mittelmeerraum für Umweltschäden angerichtet wurden und wie viele Tote zu beklagen sind.

Das Schweizer Volk und damit viele Eltern und Großeltern haben das Energiesteuergesetz 2015 mit > 90% abgeschmettert und damit eine Weichenstellung verpasst, die dann ihre Kinder und Enkel noch viel schmerzlicher und extremer formulieren und in die Verfassung aufnehmen müssen. Es existiert bei den fossilen Energieträgern schlicht und einfach keine Kostenwahrheit! Den Profit hat die Petrolindustrie, die Umweltschäden trägt die Allgemeinheit. Anton Gunzinger hat in seinem Buch „Kraftwerk Schweiz" ausgerechnet, was ein Liter Benzin eigentlich kosten müsste und ist dabei auf mehr als 10 CHF/Liter gekommen. Er hat mit seinen genialen Rechnern auch bewiesen, dass wir in der Schweiz in Zukunft auch ohne Erdöl und Erdgas leben können.

Wir müssen uns auch die Frage stellen, was kommt nach dem leicht verfügbaren Erdöl? Der sogenannte „Peak Oil" (Film: Oil crash) ist mit größter Wahrscheinlichkeit längst überschritten, das Öl immer schwieriger zu finden und zu extrahieren (Offshore, Tarsands, Fracking, ...). Der Preis wird explodieren, die Wirtschaft kollabieren, eine echte Zeitbombe für unsere Kinder und Kindeskinder! Ein weiterer Grund, sich so rasch wie möglich vom Öl zu verabschieden.

Folgende Grafik veranschaulicht eindrücklich, in welch kurzer Zeit drei Generationen (75 Jahre) vor 2000 und drei Generationen nach 2000 (angenommener, aber sehr wahrscheinlicher Peak Oil) das Erdöl verbrannt und somit missbraucht haben.

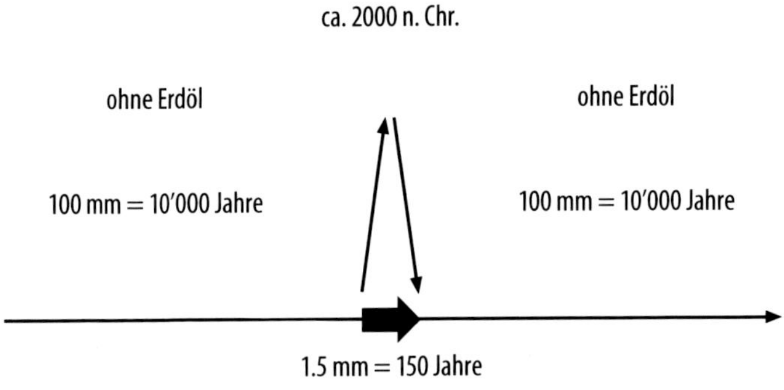

Vor 10'000 Jahren war das Interesse am Erdöl gleich null. In nur 150 Jahren verbrennen die Industrienationen alle leicht erschließbaren Vorräte und heizen die Erde brutal auf. Ab ca. 2050 gibt es kein abbauwürdiges Öl mehr und die Erde ersäuft im Meer, die Sonne verbrennt die Erde und der Regen spült die Dörfer und Städte weg. Nachher gibt es kein Öl mehr zu holen, aber die Menschheit braucht dann auch keines mehr, denn sie wird sich ausgelöscht haben, trotz Computer, Roboter, erstklassiger Medizin, modernster Wettervorhersagen, Schritte auf dem Mond (vergl. Osterinsel).

Kohle hat offenbar noch den längeren Atem und könnte uns über Jahrhunderte noch mit billiger Energie versorgen. Die Konsequenzen für das Klima wären aber durch die CO2 Emissionen extrem schädlich und das 1.5 Grad-Ziel nicht mehr erreichbar.

Unbegreiflich sind für mich die Nostalgiker, welche die Krach- und Stink- Oldtimer weiterhin als fahrtüchtige Anachronismen der Welt erhalten wollen. Zum aus der Haut fahren sind die Hunter und Venom Kampfflugzeuge, Baujahr 1960 und älter, die jeweils vor meinem Fenster unter ohrenbetäubendem Krach Loopings drehen und zum Spaß von zwei Insassen Tausende Leute lärmend beschallen. Alle diese alten Vehikel, egal ob 2, 4 oder keine Räder, gehören ins Museum oder in den Garten von Sammlern. Da können die Fans dann täglich Platz nehmen und von den guten alten Zeiten träumen, zu heißem

Originalsound aus den Kopfhörern. Auch die alten Dampfloks, die dank polnischer Billigstkohle auf gewissen Strecken liebevoll die Luft verdrecken, gehören schnellstmöglich sauber geputzt in die Museen.

Das Atomzeitalter und sein Müllproblem

Ich durfte miterleben, wie die Schweiz ultramodern wurde und ins Atomzeitalter einstieg. Fünf Reaktoren wurden hier gebaut, über 447 sind es weltweit, 58 sind im Bau. Die Schweiz besitzt das älteste: Beznau 1 wird 2019 bereits 50 Jahre auf dem Buckel haben ...

Nun habe ich 50 Jahre vom Atomstrom profitiert, den ich nie bestellt habe. Die radioaktiven Abfälle aber müssen meine Kinder, Enkel und Urenkel vergraben und Hunderte nachfolgender Generationen kontrollieren und hüten. Weltweit ist noch kein definitives Endlager für hoch- und mittelaktiven Abfall gefunden, geschweige denn in Betrieb genommen worden. Es herrscht das St. Floriansprinzip. Deutschland wehrt sich gegen ein Endlager im Zürcher Weinland und das Weinland wehrt sich selber, um nicht der Abfallkübel der Nation zu werden. Das angesparte Geld wird niemals reichen, ein sicheres Endlager zu bauen, künftige Generationen, die nie vom Atomstrom profitiert haben, werden sich daran die Zähne ausbeißen. Auch dies eine echte Zeitbombe und eine himmelschreiende Ungerechtigkeit.

Müll, Müll und nochmals Müll

Die Wirtschaftsexperten haben sich das unbegrenzte Wachstum zur Religion gemacht und uns zur Wegwerfgesellschaft erzogen (Volker Pispers, YouTube). Der Konsum wird angekurbelt, indem auf ein gekauftes Produkt sofort ein neues folgt und das kürzlich gekaufte somit schon wieder veraltet ist. Die Produkte werden so konstruiert, dass man sie nicht flicken kann, sondern wegwerfen muss. Die Akkus sind in Elektrogeräten so verbaut, dass man nach deren Ableben das ganze Gerät entsorgen muss. Computer werden softwaremäßig upgedatet und sind dann hardwaremäßig überfordert, will heißen, müssen durch einen neuen ersetzt werden. Man bezahlt zwar eine VRG (vorgezogene Recyclinggebühr) auf Elektrogeräte und hat somit ein reines Gewissen. Was aber genau nach der Rückgabe mit einem alten Computer geschieht, wissen nur die Leute in Ghana (Gasche/Guggenbühl: Schluss mit dem Wachstumswahn). Zum Glück gibt es das Reparaturmanifest *www.Ifixit.com.*

Plastik braucht für seine Zersetzung extrem lange. Zwar brennt es sehr gut, wird aber aus Bequemlichkeit meist weggeworfen. Besonders schlimm sieht's in den Weltmeeren und an den Stränden aus. Die verendeten Tiere, welche außer Plastikmüll nichts anderes im Magen haben, sind die brutalen, wehrlosen Opfer unserer Wegwerfkultur.

Littering tönt modern und ist es auch. Unsere Fastfood Kultur bringt auch neue Behältnisse im Einweg-Style mit sich und somit kann das Essen überall hingetragen und das Geschirr an Ort und Stelle liegen gelassen werden. Auch das Einmalgeschirr muss mit Pfand belegt werden. Hohe Bußen helfen mit, renitente Abfallsünder zu erziehen, damit auch der letzte Raucher merkt, dass die hochgiftigen Zigarettenstummel in den kontrollierten Abfall gehören.

Leider ist auch unsere Nahrung zum Abfallproblem geworden, sogenannter Foodwaste (we feed the world). Was da an noch Essbarem weggeworfen wird, übersteigt jede Vorstellungskraft. Da sind wir Konsumenten selber schuld und müssen uns mit aller Kraft an einer Lösung beteiligen.

- Unerträglich sind die Fernsehsendungen mit opulenten Kochwettbewerben, welche von der Nahrungsmittelindustrie gesponsert sind.
- Unerträglich sind die Kreuzfahrten, bei denen das pausenlose große Fressen rund um die Uhr zelebriert wird (la grande bouffe).
- Unerträglich sind die Fastfood Restaurants mit ihren fetttriefenden, zuckerstrotzenden Menus und ihren gigantischen Abfallbergen.
- Unerträglich sind die vom Mindesthaltbarkeitsdatum her als tot erklärten Nahrungsmittel, die ganze Container füllen.
- Unerträglich sind auch die weltweit umhergeflogenen, nicht saisonalen Produkte, sie gehören schlicht geächtet!

Die Superreichen und was ihr Charakter uns verrät

Ungerecht verteilter Reichtum führt zu Spannungen und zu Extremismus. Folgende Episode, gesehen im Fernsehen, zeigt wie sogenannte Investoren ticken. An einer Werbeveranstaltung im Silicon Valley wurde eine Investorin interviewt. Sie gab zu, nicht viel von dem Vortrag eines Ingenieurs, der sein Produkt vorstellte, verstanden zu haben. Ob sie nun bereit sei, sich finanziell an seiner Entwicklung zu beteiligen, fragte der Reporter. Die Frau bejahte, denn sie habe den Redner sympathisch und überzeugend gefunden. Die Frau weiß demnach nicht, in was sie investiert, Hauptsache aus viel Geld wird mehr. Damit sind wir bei den Sammlern und Jägern der prähistorischen Zeit angelangt oder bei Dagobert Duck. Welch erfüllender Lebenssinn, aus viel Geld noch mehr zu machen (Hanns Dieter Hüsch: Der Sinn des Lebens)! Was machen nun die Superreichen mit ihrem vielen Geld sonst noch, außer zu investieren? Sie können ein paar Autos sammeln, fahren können sie nur jeweils eines. Sie haben mehrere Häuser, verteilt in der ganzen Welt. Leben kann man nur immer in einem. Die Reise zu den verschiedenen Häusern braucht Zeit und Benzin und Kerosin. Sie sammeln Flugzeuge und sie überbieten sich mit Luxusjachten. Mit den Luxusjachten ist offenbar das Budget nach oben offen. Sie könnten sich aber auch an der Rettung unseres Planeten beteiligen und bewusst umweltfreundliche Technologien wie den Wasserstoff fördern. Sie könnten sich auch in großem Stil für das 1,5 Grad-Ziel engagieren, wie das Leonardo di Caprio bereits macht (Film „before the flood"), statt sich auf öden Partys zu langweilen. Berühmtheiten tragen eine große Verantwortung für die Zukunft unserer Erde und sind es ihr schuldig, mit persönlichem Engagement und finanziellen Mitteln die Rettung zu ermöglichen. Der „Schacher Seppli" besingt ja schon in seinem melancholischen Lied, dass man am Schluss seines Lebens doch alles Geld hier auf der Erde zurücklassen müsse oder „das letzte Hemd hat keine Taschen"!

Interessant ist jeweils das Beobachten von Shoppern in der Bahnhofstraße in Zürich in der Vorweihnachtszeit. Wie die glücklichen Reichen mit Taschen an den Armen umherstolpern, um noch am gleichen Tag ihren Konsumrausch in London oder Berlin fortzusetzen.

Glückliche Lottogewinner sind bald überfordert mit ihrem Reichtum und enden ruiniert in der Klappsmühle oder vorzeitig auf dem Friedhof. Ein vernünftiges Preisgeld, welches dann vielen zugutekommt, würde hier Abhilfe schaffen. Auch hier richtet Geld mehr Schaden an, als es hilft.

Die Glücksforschung geht von einem Betrag von deutlich unter 100'000.- Franken Jahreseinkommen aus, um ein glückliches, erfülltes Leben zu geniessen.

Jäger und Sammler oder von Bären und Beeren

Noch vor nicht allzu langer Zeit sind wir den Bären und Beeren hinterher- oder davongerannt. Der menschliche Körper ist für sportliche Leistungen geschaffen und braucht, um gesund zu bleiben, täglich Bewegung. Der moderne Lebensstil arbeitet dieser unumstößlichen Tatsache diametral entgegen. Schon der Haushalt ist mit einem perfekten Maschinenpark ausgerüstet. Der Lift im Haus bringt uns hinunter zur Tiefgarage, wo das Auto bereitsteht. Im Büro warten wiederum der Lift und nachher ein bequemer Bürostuhl auf uns. Nach getaner Arbeit wartet zu Hause der Computer oder TV, um uns von der hauptsächlich geistigen Arbeit zu entspannen. Vielleicht gibt's da und dort ein Fitnessabo, das genutzt werden will und man fährt wieder mit dem Auto ins Training und zurück.

Kinder dürfen auf keinen Fall im Mami-Taxi zur Schule gefahren werden. Der Schulweg gehört als tägliche Bewegungseinheit unbedingt zur täglichen Fitness. Junge Menschen brauchen Grenzerfahrung, vor allem in der Pubertät. Nachtwanderungen sind geradezu ideal, um die eigenen Grenzen auszuloten: Der Hörsinn, der Geruchssinn und der Tastsinn ersetzen den Sehsinn und das Mitternachtsfeuer ist ein Erlebnis der Extraklasse!

Mit der Erfindung des Fahrrads vor 200 Jahren haben wir es mobilitätsmäßig an die Spitze aller Lebewesen dieses Planeten geschafft: Kein Tier kann sich mit so wenig Energie so schnell so weit fortbewegen! Nutzen wir dieses geniale Fortbewegungsmittel. Seit E-Bikes sich rasant verbreiten, gibt es eigentlich keinen Grund mehr, mit dem Auto zur Arbeit fahren und schlechtes Wetter ist nur dank schlechter Kleidung eine Ausrede wert. Winterreifen für Fahrräder sind schon lange erhältlich. Ich montiere jeweils beim ersten Schneefall die Spikes-Pneus, welche auch auf gefrorenem Untergrund ein problemloses, sicheres Fahrradfahren ermöglichen.

Die körperliche Bewegung macht dann auch gehörig Appetit und dazu reichen die obengenannten Beeren natürlich nicht aus. Eine ausgewogene Ernährung aus frischen, saisonalen und regionalen Produkten ist oberstes Gebot. Alles, was schön verpackt ist, ist grundsätzlich verdächtig („Die Suppe lügt“, Hans-Ulrich Grimm). Der Hühner-Suppenbeutel von Knorr erzählt uns von einer feinen Suppe für vier Personen. Dass darin schäbige 7 g Nasshuhn zu 4 g Trockenhuhn geschrumpft und mit Geschmacksverstärkern und Aromen aufgepeppt wurden, verschweigt der Beutel geheimnisvoll.

Ein Schüler brachte zum Geburtstag eine Croissant und einen Schokostängel für alle Klassenkameraden mit. Das Croissant war in einem bunten, verschweißten Plastikbeutel, was ich bis dahin noch nie gesehen hatte. Nach dem Unterricht lag noch ein solcher Beutel auf dem Boden, ich hob ihn auf und las das Kleingedruckte. Das Mindesthaltbarkeitsdatum reichte drei Monate über den Geburtstag hinaus, was mich doch sehr erstaunte. Wie kann ein Croissant in einem Beutel so lange haltbar und noch dazu billiger sein als dasselbe Produkt aus der Bäckerei? Auf der Inhaltsangabe stand neben mehreren E-Nummern, dass Alkohol zur Konservierung verwendet wurde … Hä? Oder wie bitte???

Jeder Bauernhofladen oder Marktstand eignet sich besser zum Einkauf als die gigantischen Einkaufszentren. Das zu süß, zu salzig, zu fettig, zu viel muss sofort aufhören. Die Milliardenschäden durch Adipositas und Diabetes sind unerträglich und die Kinder leiden physisch und psychisch enorm!

Modernes Sklaventum versus „die 2000 Watt Gesellschaft“

Im obengenannten Maschinenpark verstecken sich Sklaven, Leistungssklaven. Der Mensch ist fähig, ca. 100 Watt Dauerleistung zu erbringen, das Pferd 736 Watt = 1 PS. Hat nun ein Staubsauger 2000 Watt (= 2 kW) Leistung, so stecken 20 Sklaven in diesem Staubsauger, die für uns z. B. eine Stunde arbeiten. Nach einer Stunde staubsaugen sieht die Rechnung so aus:

1 h x 2 kW = 2 kWh Arbeit, was physikalisch mit dem Begriff „Energie“ bezeichnet wird. Mann oder Frau hat nun 2 kWh Energie verbraucht und selber auch noch 100 W Dauerleistung beigesteuert. Diese 2.1 kWh multiplizieren wir nun mit dem Strompreis, da wir Elektrosklaven gebraucht haben, mit 20 Rp./kWh. Dies ist der aktuelle durchschnittliche Strompreis pro Kilowattstunde (kWh) in der Schweiz. Somit bezahlen wir also ganz bescheiden für alle 21 Sklaven ca. 40 Rp! Ein weiteres eindrückliches Beispiel, das ich jeweils mit meinen Schülern „erfahren“ habe: Wir sind jeweils von Thayngen aus nach Les Emibois im Jura geradelt. Die zähesten Schülerinnen und Schüler haben die ganze Strecke von ca. 180 km mit dem Fahrrad zurückgelegt. Der Start erfolgte morgens um 5.00 Uhr und die Ankunft war ca. um 19.00 Uhr, was einer reinen Fahrzeit von 12 Stunden entspricht. Auf dem Fahrrad ist man sein eigener Sklave und bringt die 100 W Dauerleistung ehrlich und redlich auf die Pedale. Das Benzin ist in diesem Fall eine Unmenge von Esswaren und Getränken, will man nicht in einen Hungerast hineinfahren. Die Rechnung für diese Parforceleistung sieht nun folgendermaßen aus: 12 h x 100 W = 1200 Wh = 1.2 kWh Energie. Wenn wir diese Muskelenergie über den Strompreis abrechnen, kommen wir auf 25 Rp. Nach dieser Rechnung stand den Finishern die Enttäuschung ins Gesicht geschrieben: Was, meine Schinderei über die ganze Strecke ist nur 25 Rp. wert??? Da kann doch etwas nicht stimmen. Vielleicht stimmt etwas mit dem Strompreis nicht …

Der moderne Europäer braucht für sein Leben, seine Maschinen und die Mobilität aktuell durchschnittlich 60 Sklaven, die mit der schon erwähnten Dauerleistung von 100 Watt, Tag und Nacht für ihn schuften. Sei es während des Ferienfluges, während des Zähneputzens mit der Elektrozahnbürste, während des Wocheneinkaufs per Auto im Supermarkt, während der Heizperiode im Winter, wenn nachts der Boiler aufgeheizt wird, etc., etc., etc. Man muss sich das einmal bildlich vorstellen, welches Gedränge da herrscht, wenn andauernd noch 60 Leute um einen herumlaufen … Bei den Amerikanern ist das Gedränge noch viel extremer, die leben im Moment nicht eine

6000 Watt Gesellschaft wie wir, sondern eine 12'000 Watt Gesellschaft! Dies ist definitiv zu viel des Guten, denn für die Erde erträglich wäre im Moment weltweit eine 2000 Watt Gesellschaft. Dies bedeutet, dass wir 40 Sklaven verschenken müssen, an andere Menschen, die nur eine Handvoll Sklaven besitzen, vielleicht nur einen Maulesel oder eine Kuh, welche noch zum Pflügen des Ackers eingesetzt wird. Damit könnten wir einen großartigen Beitrag zur Flüchtlingsproblematik und Überbevölkerung leisten.

Sehen wir uns nach diesem Verschenken von Sklaven in die Steinzeit zurückversetzt? Nein, nein und nochmals nein!!! Da wir ein ausgezeichnetes Bildungssystem und eine Hightech Industrie besitzen, ist es uns ein Leichtes, nur noch mit 20 Sklaven (= 20 x 100 W = 2000 Watt-Gesellschaft) ein lebenswertes, spannendes, aktives Hightech-Leben zu genießen:

Lassen wir die Sonne arbeiten!!!

Solarhaus in Ausserberg VS ohne Kamin,
mit 105 % solarem Deckungsgrad, maximale Heizleistung 25 W,
50 % Stromüberschuss, Minergie P zertifiziert, Holzständerbau
mit einheimischem Holz und von ortsansässigen Handwerkern gebaut.

In meinem Solarhaus läuft die Heizung mit einer Dauerleistung von 25 Watt (1/4 Sklave), den Rest hat bereits die Sonne gearbeitet und diese Sonnenenergie ist im heißen Wasser meines Swiss Solartanks von der Firma Josef Jenni AG in Oberburg gespeichert. Ich brauche nicht einmal mehr Holz zum Nachheizen. Das Haus ist Minergie-P zertifiziert, hat ein dickes Dach, dicke Wände und große 3-fach Fenster. Den Strom liefert ein Photovoltaikanlage mit großem Überschuss. Das Wasser für die WC-Spülung stammt vom Regenwassertank. Ja, das Haus war teuer, aber ich wollte zukünftigen Generationen zeigen, dass es möglich ist, mit extrem wenig Energie eine sehr hohe Lebensqualität zu erzielen. Und, vielleicht das Allerwichtigste: Ich habe mit dieser Investition eine effektive Kostenwahrheit erreicht. Mit meinem Energieverbrauch von jährlich 1600 kWh Elektrizität verschmutze oder belaste ich die Umwelt in keiner Art und Weise. Darin inbegriffen ist sogar noch meine Elektromobilität, welche dank eigenen Solarstroms als „zero emission mobility" durchgeht. Somit errechnen sich die Anzahl meiner Leistungssklaven wie folgt: 1600 kWh: 365 d: 24 h = 200 Watt = 2 Sklaven. Den Rest für mein äußerst lebenswertes Leben übernimmt die Sonne. Das wunderbare Gefühl in einer Badewanne mit solar beheiztem Wasser entspannt noch mehr als das Badesalz.

Wichtig erscheint mir noch in diesem Zusammenhang, dass die thermischen Sonnenkollektoren den großen Vorteil von einfacher Energiespeicherung mittels Heißwasser im Speicher genießen. Da kann man auch eine Schlechtwetterperiode überbrücken oder wenn Schnee auf den Kollektoren liegt gibt's immer noch heißes Wasser. Die Photovoltaik hat den Nachteil, dass die Speicherung in einem Akku erfolgen muss, der rohstoffintensiv und teuer ist und eine beschränkte Lebensdauer hat.

Twike, geöffnet, Platz für 2 Personen, bequeme Liegesitze, effizientestes Elektromobil, kann in 30 Sek. zum Cabriolet umgebaut werden

Seit 7 Jahren bin ich weg vom Erdöl (Terroristensaft, wie ich zu sagen pflege) und Erdgas, Twike (www.Twike.ch) sei Dank. Dieses kleine, dreirädrige Elektrofahrzeug für zwei Personen bringt mich schnell und aktiv an jeden Ort der Schweiz. Erfunden hat es Ralph Schnyder und seine Ingenieur Kumpels in Gelterkinden. Es ist nur 250 kg schwer und sehr aerodynamisch. Der Elektromotor hat einen Wirkungsgrad (s. u.) von > 90% und beim Bremsen lade ich die Akkus wieder auf (Rekuperation). Ich hoffe, dass ich es noch erlebe, wenn die Brennstoffzelle (s. u.) zur Marktreife gelangt. Aktiv heißt, ich pedale während der ganzen Fahrt mit 100 W Dauerleistung und kann so die Reichweite um 10% verlängern und gerade meine Fitness a jour halten. Statt nur 300 km bin ich auch schon 330 km nonstop gefahren. Wenn immer möglich habe ich meinen eigenen Solarstrom im Tank und fahre damit 10'000 km pro Jahr. Vor ein paar Jahren bin ich vom Wallis nach Berlin gefahren, Abenteuer pur! 1000 km 3Tage und Nächte unterwegs im 5 h/4 h Rhythmus: 5 h fahren, 4 h laden. Das sagt sich so leicht, aber man suche und finde morgens um 01.00 Uhr erst mal eine Lademöglichkeit in Nürnberg. Der Türke vom Kebabstand hieß uns willkommen und er holte sogar noch seinen Teppich hervor, um ihn über das Kabel zu legen, damit die betrunkenen Partyleute nicht darüber stolperten. Soziale Kontakte werden gratis mitgeliefert.

Twike, gezeichnet von Eva, 5 Jahre alt

Man spricht in letzter Zeit viel von Elektroautos, der Tesla ist in aller Munde. Leider schießt er weit übers Ziel hinaus. Wir brauchen keine 2,5 Tonnen schweren PS-Kolosse. Die graue Energie bei der Herstellung und die Rohstoffverschwendung bei den Akkus sind exorbitant. Das Twike hat 5 PS = 4 kW Leistung und ich kann 10 Twikes nebeneinanderstellen, um das Gewicht eines Teslas zu egalisieren! Auf Hauptstraßen bin ich im Durchschnitt gleich schnell: 45 km/h.

Da ist unser Hirn überfordert

Natürliche Wachstumsprozesse überfordern unser Vorstellungsvermögen oder mathematisch gesprochen: Alles, was exponentiell abgeht, ist für unser Hirn „too much"! Angefangen hat das damals mit dem Schachbrett: ein Reiskorn aufs erste Feld, zwei aufs zweite, vier aufs dritte usw., immer verdoppeln. Damit reicht bis zum 64. Feld die gesamte Reisernte der Welt nicht aus! Verrückt! Ähnlich verhält es sich mit der Seerose, die sich täglich verdoppelt. Eines Tages sieht ein Spaziergänger, der regelmäßig vorbeikommt, dass der halbe Teich mit Seerosen bedeckt ist und freut sich über die Blütenpracht. Am nächsten Tag ist da kein Teich mehr, nur noch Seerosen.

Zinseszinsen machen die Reichen unglaublich reicher. Bei einem Zinssatz von 4 % verdoppelt sich das Vermögen in weniger als 18 Jahren. Auch das biologische Wachstum im Tierreich und beim Menschen verläuft exponentiell. Bei einer Wachstumsrate von 1,14 %, wie sie weltweit angenommen wird, verdoppelt sich die Weltbevölkerung in ca. 60 Jahren. Wenn meine Enkel ins Pensionsalter kommen, ächzt die Welt unter 15'000 Millionen (= 15 Milliarden) Menschen. Den Weltrekord in Sachen Fortpflanzung hält der Südsudan. Bei einer Wachstumsrate von 3,83 % verdoppelt sich die Bevölkerung in weniger als 19 Jahren. Das sind alles Menschen wie du und ich, die haben Hunger und Durst, brauchen ein Dach über dem Kopf, wollen glücklich sein, eine sinnvolle Arbeit verrichten, ein Handy, ein Auto ... (oder umgekehrt).

Ein Schweizer Mathematiker hat sich diese Überlegungen auch gemacht: Jeder Mensch braucht Nahrung und um diese Nahrung zu produzieren braucht es eine bestimmte Größe an fruchtbarem Boden. Damit ist er rein mathematisch an eine oberste Grenze von Bewohnern in der Schweiz gekommen. Diese Überlegungen hat er in der sogenannten Ecopop-Initiative festgehalten und das Schweizervolk konnte darüber abstimmen. Er hat auch deutlich gesagt, dass man der leidenden Bevölkerung vor Ort helfen muss, um einen Massenexodus zu verhindern. 75 % der Bevölkerung hat diese Initiative abgelehnt, darunter auch viele Eltern und Großeltern!

Die Bevölkerungsexplosion ist aber eine biologisch-mathematische Tatsache, welche unsere Kinder und Enkel extrem zu spüren bekommen werden. Wenn zukünftige Generationen noch ein vernünftiges Leben mit etwa unserer Lebensqualität führen wollen, muss geburtenreichen Staaten rasch Hilfe angeboten werden:

- Schwangerschaftsverhütungen absolut kostenlos,
- honorierte freiwillige Sterilisation von Männern und Frauen,
- honorieren von Einkind-Ehen,
- Schwangerschaftsabbruch von unerwünschten Schwangerschaften.

Frauen müssen weltweit selber entscheiden können, ob sie schwanger werden wollen oder nicht. Jedes unerwünschte Kind auf dieser Welt ist eine Katastrophe, für das Kind in erster Linie und auch für die Mutter. Man muss sich selber die Frage stellen, was wäre aus mir geworden, wenn ich nicht erwünscht gewesen wäre? Wie hätte ich mich entwickelt, psychisch und physisch, könnte ich überhaupt jemals lachen und Freude am Leben haben? Ziel wäre es, die Weltbevölkerung bis 2050 zu stabilisieren, um sie dann sukzessive zu halbieren.

An der Physik kommt niemand vorbei, sie ist „univers-all"

Shiva, der liebe Gott, Allah, Buddha und alle übrigen Götter des Universums, haben beim Erfinden des Luftwiderstandes gemeinsam beschlossen, dass er nicht linear zur Geschwindigkeit ansteigen soll, sondern quadratisch. Somit sind wir wieder bei der Hirnüberforderung, wie sie bei exponentiellem Wachstum eintritt. Gemein, aber unumstößlich! Fahren wir beispielsweise mit 70 km/h, so wird der Luftwiderstand bei doppelter Geschwindigkeit (140 km/h) nicht doppelt, sondern viermal so groß. Richtig krass wird's bei dreifacher Geschwindigkeit: Wer von 50 km/h auf 150 km/h beschleunigt, kämpft dann mit dem 9-fachen Luftwiderstand. Beim Radfahren spürt man die Kraft des Luftwiderstandes erst so richtig. Ein Beispiel mit Faktor 3 könnte so aussehen: Man radelt mit 15 km/h und genießt das Lüftchen, welches einem um die Nase weht. Bei Tempo 45 km/h hält nun der 9-fache Luftwiderstand dagegen und man tut gut daran, sich möglichst klein zu machen oder den Windschatten seines Vordermannes zu nutzen. Umgekehrt rechnen wir nun, bei welcher Geschwindigkeit der Luftwiderstand doppelt so groß ist, verglichen mit 70 km/h. Dazu multiplizieren wir die 70 km/h mit der 2. Wurzel aus 2: 1.414 und bekommen so ca. 100 km/h! Hält man nun den Kopf bei 70 km/h aus dem Fenster und spürt die Kraft des Fahrtwindes, so verdoppelt sich diese Kraft auf den Kopf auf 100 km/h! Auf die Spitze treiben es die Kampfflugzeuge. Bei Schallgeschwindigkeit wird der Widerstand so groß, dass man von einer Mauer spricht, die nur mit spitzer Schnauze durchstoßen werden kann, was zu einem gewaltigen Überschallknall führt.

Aus all diesen Tatsachen folgt logischerweise eine rigorose Temporeduktion, um den Spritverbrauch (und damit den CO2-Ausstoß) massiv zu senken, um die Umwelt zu entlasten und den Klimazielen näher zu kommen. Mein Vorschlag: 22/55/77. Innerorts und auf Passstraßen 22 km/h, außerorts 55 km/h, und auf Autostraßen und Autobahnen 77 km/h. Die Konsequenz wäre eine flüssigere, entspanntere Fahrweise mit weniger Stop and go, weniger Reifenabrieb, weniger Lärm, weniger Unfälle – fast schon paradiesisch.

Interessant ist auch immer der Vergleich von verschiedenen Wirkungsgraden von Maschinen. Da waren alle Gottheiten des Universums gnadenlos! Wenn man von einer Maschine Arbeit verlangt, muss man sie zuerst mit Energie füttern. Vergleicht man nun die nutzbare Arbeit mit der hineingesteckten Energie, erhält man durch eine Division der beiden Größen den sehr eindrücklichen Wirkungsgrad. Wenn man diese Größe noch in Prozent ausdrückt, sieht man sofort, wie effizient oder eben nicht effizient gewisse Maschinen sind. Fangen wir beim Musterkind, dem Elektromotor, an. Er wandelt >90% der hineingesteckten Energie in nutzbare Drehbewegung um. Da hinkt der Diesel im Auto mit ca. 33% schon gewaltig hinterher. Der Benzinmotor bringt gerade mal 25% und der Zweitaktmotor <20% Nutzen. Der ganze Rest der so wertvollen hineingesteckten Energie verpufft in Lärm, Gestank und Abwärme. Deshalb gehört der Zweitaktmotor ab sofort verboten! Nicht nur wegen seines katastrophal niedrigen Wirkungsgrades, sondern weil in seinem Treibstoff noch 2% Motorenöl beigemischt sind, welches nur unvollständig verbrennt und demnach bestialisch stinkt und die Luft verpestet.

Wer also elektrisch fährt ist sehr effizient unterwegs und kann beim Bremsen noch die Akkus wieder aufladen, somit wird auch die Bremsenergie sinnvoll genutzt und nicht einfach an den Bremsklötzen und Scheiben zu Abwärme, die aber rein gar niemandem etwas nützt.

Eine Physiklektion: Leistung vs. Energie

Zugegeben, die Physik ist oft kompliziert und, wie schon erwähnt, unvorstellbar. Kaum eine Zeitung schafft es, den Unterschied von Leistung und Energie klar auseinanderzuhalten. Kaum ein Politiker (vielleicht nicht einmal die EnergieministerIn) versteht den doch beachtlichen Unterschied dieser beiden physikalischen Begriffe. Dazu habe ich folgenden Lektionsvorschlag für alle SchülerInnen, PolitikerInnen, EnergieministerInnen. Die Aufzählung ist wie immer nicht vollständig …

Wir versammeln uns in einer Turnhalle bei der 5 m hohen Sprossenwand. Mit dem Maßband messen wir vom Boden aus senkrecht nach oben, welche Sprosse 5 m Höhendifferenz aufweist. Mit einer Waage bestimmen wir noch das Gewicht der einzelnen Teilnehmer. (Die Damen dürfen sich eines ausdenken.) Jetzt müssen wir das Gewicht noch mit der Erdbeschleunigung von 9.81 m/sec^2 multiplizieren, um die Gewichtskraft in Newton zu erhalten. Das macht dann bei einem 70 kg schweren Mann ca. 700 Newton. Nun kommt noch die Stoppuhr dazu. Es geht jetzt also darum, möglichst schnell diese 5 m hinaufzuklettern, um eine möglichst große Spitzeleistung zu erzielen.

Unser Mann hätte 7 sec. gebraucht. Die Rechnung lautet nun: 700 N x 5 m : 7 sec = 500 Nm/sec = 500 Watt Leistung. Die komplizierte Einheit „Newtonmeterprosekunde“, welche aus der Rechnung entsteht, wird umgetauft in Watt: 1 Nm/sec = 1 W. Die schon erwähnte Dauerleistung eines Menschen beträgt sehr bescheidene 100 W, somit sind diese 500 W eine einmalige Spitzenleistung (Watt peak = Wp). Schüler, die einen Sport ausüben und regelmäßig trainieren, bringen es auf 1 kW Spitzenleistung: 500 N x 5 m : 2.5 sec = 1000 W = 1 kW. Chapeau! Zur Erinnerung: 736 W = 1 PS!

Die Erdbeschleunigung von 9,81 m/sec² ist übrigens gewaltig und steht der eines Formel1 Rennwagens in nichts nach. Die mutigsten SchülerInnen springen dann noch von der Sprossenwand auf die große Matte hinunter und spüren die enorme Beschleunigung vor allem negativ, beim Bremsen! Dies gibt dann tags darauf Nackenschmerzen wegen Muskelkaters.

Wie berechnet man nun die Energie aus der vollbrachten Leistung? Ganz einfach, durch Multiplikation mit der Zeit: Leistung x Zeit = Energie. Schüler können diese Formel am besten auf einem Hometrainer nachvollziehen. In jedes Schulhaus gehören mehrere solcher Tretvehikel. Im Idealfall kann man damit Strom produzieren und gerade sein Handy, seinen Laptop, sein iPad, seinen Fahrradakku aufladen. Fährt eine Schülerin Fahrrad mit 100 Watt Dauerleistung während einer halben Stunde, so erzeugt sie eine Energie von 100 W x 0.5 h = 50 Wh und hat somit 1/10 der Fahrrad-Akkukapazität wieder aufgeladen. Um einen Handy-Akku aufzuladen reichen 60 W x ¼ h = 15 Wh. Den Schülern wird somit klar, dass wenn sie mit 60 Watt Dauerleistung während einer ¼ Stunde treten, die Energie von 15 Wh produziert haben, bescheiden aber immerhin, und das Handy ist mit eigener Muskelkraft aufgeladen worden. Eignet sich übrigens auch gut als Strafmaßnahme: strampeln für müde Akkus. Mit Messgeräten machen sich die SchülerInnen auf die Suche nach Elektrogeräten und werden so zu Leistungsdetektiven. Schnell wird klar, dass der größte Stromfresser der Wassererkocher im Lehrerzimmer ist; wie steht es mit dem Beamer, wie mit den roten Standby Lämpchen? Nun zweifelt niemand mehr am weisen Spruch: „Goodbye Standby“

Chemie sei Dank

Die Chemie zeigt uns die elegante, saubere Lösung für das Energieproblem. Der englische Naturwissenschaftler Sir William Robert Grove gilt als Entdecker der Brennstoffzelle. Schon 1839, lange bevor das Erdölzeitalter begann, konnte er in seinem Labor aus Wasserstoff und Sauerstoff elektrischen Strom erzeugen und nannte dies „kalte Verbrennung von Wasserstoff". Damit konnten die Astronauten 130 Jahre später in ihren Raumkapseln sauber Strom erzeugen und zum Mond fliegen – ohne schädliche Abgase oder schwere Blei-Akkus! Das einzige Abgas, welches bei einer arbeitenden Brennstoffzelle (fuel cell, engl.) entsteht, ist Wasserdampf. Diese geniale, 180 Jahre alte Erfindung hilft uns in eine saubere Energiezukunft zu investieren. Wir brauchen Wasser und Sonnenenergie, um die Elektrolyse, die Aufspaltung von Wasser in seine Elemente Wasserstoff (H2) und Sauerstoff (O2), umweltfreundlich zu bewerkstelligen. Dies kann in jedem Haushalt geschehen, sicher aber in der chemisch-pharmazeutischen Industrie, und die muss auch gerade eine H2-Tankstelle errichten und betreiben.

Deutschland will bis 2020 400 solcher H2-Tankstellen bauen, Toyota bringt den Mirai zur Marktreife (so, wie sie's schon beim Prius visionär durchgezogen haben) und die anderen Autobauer merken auch langsam, dass am Wasserstoff keiner mehr vorbeikommt. Diese Fuel-Cell Autos produzieren beim Bremsen wieder nutzbaren Wasserstoff, verheizen also die Bremsenergie nicht nutzlos an Bremsbelägen und Bremsscheiben. An diesen H2-Tankstellen muss man Brennstoffzellenfahrzeuge mieten und testen können.

Wir sind im Umbruch, es ist so spannend, aber es dauert alles viel zu lange!

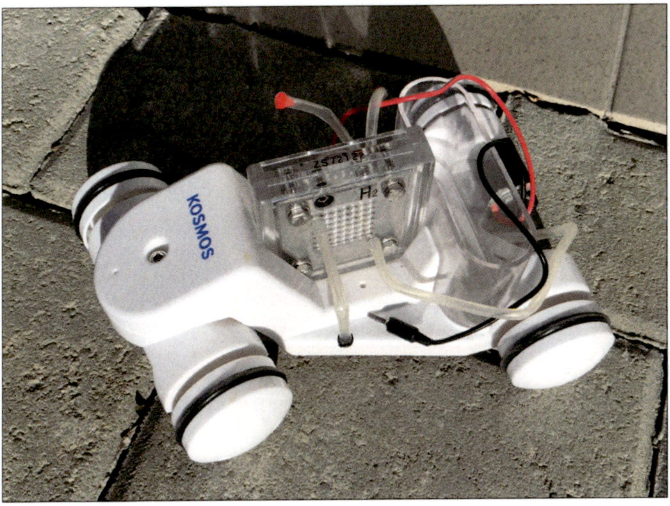

Brennstoffzellenfahrzeug für Schulen: fährt mit Wasser und Sonne

Inzwischen können die Schüler schon mal am Kosmos Spielzeugauto erfahren, wie das Zukunftsauto funktioniert. Das Staunen ist groß, wenn ich zuerst einen Schluck Wasser trinke und dann mit dem gleichen Wasser den Tank des Wasserstoffautos fülle. Wir gehen dann in die Sonne und lassen über ein Solarpanel, welches Gleichstrom liefert, das Wasser (H2O) in seine Bestandteile Wasserstoff (H2-Gas) und Sauerstoff (O2-Gas) spalten. Man kann gut beobachten, wie sich die Gase im Verhältnis 2:1 bilden und nach kurzer Zeit ist das Auto fahrbereit. Es fährt nun auch im Schatten oder im Dunkeln und braucht den Sauerstoff eigentlich gar nicht aus dem Tank, sondern der atmosphärische aus der Luft (21 %) genügt. Sensationell! Natürlich gehört ein solches Fahrzeug in jedes Schulzimmer und bald schon können es die SchülerInnen selber zum Laufen bringen. Die Zukunft ist lecker!

Die Geografie soll's und wird's richten

Die Geografie, die Erdbeschreibung, ist universell. In keinem anderen Fach verbinden sich so viele Teilgebiete zu einem Ganzen. Mittels Bevölkerungspyramiden werden Aussagen zur Altersstruktur eines Landes gemacht, die Geologie erklärt den Erdaufbau, das Klima wird mit Diagrammen veranschaulicht, die Chemie wird für die Gesteinsbestimmung gebraucht und ein Geografielehrer hat zum ersten Mal etwas von einem thermischen Solarkollektor erzählt. Da wurde ich hellhörig: nur mit Sonnenenergie heißes Wasser erzeugen, was ja sonst nur mit viel Elektrizität oder Erdöl im Boiler geschah. Diese Idee ließ mich nicht mehr los und als dann noch der Club of Rome Ressourcenknappheit prognostizierte, war für mich der Fall klar. Auf der Terrasse meines neu erworbenen Einfamilienhauses installierte ich 30 m schwarzen Schlauch in einem Holzrahmen und deckte das Ganze mit Bauplastik zu. Fertig war mein erster Kollektor Marke Eigenbau.

Später erfuhr ich von der Firma Jenni in Oberburg, dass sie im Januar einen Schwimmplausch im Freien, mit überschüssigem Heißwasser aus ihren mit Sonnenkollektoren aufgeheizten Speichern, veranstalteten. Nun stand mein Entschluss fest: Die Sonne sollte eines Tages auch mein ganzes Haus heizen – heute tut sie es brav, zuverlässig und gratis. Ja, die Investitionen sind hoch, aber für eine lebenswerte Zukunft unserer Kinder zahlen sie sich auf jeden Fall aus. Außerdem zahlt die Sonne durch ihre Gratisenergie alle Investitionen zurück. Je höher die Erdöl- und Gaspreise, desto schneller.

Macht macht mordende Monster

Alle aktuellen und vergangenen HerrscherInnen (Päpste, Nero, Putin, Hitler, Napoleon, Trump, Kleopatra, Erdogan, Caesar, Assad …) haben zunächst mal klein angefangen, an der Mutterbrust ihre erste Nahrung bekommen und anschließend die Windeln vollgemacht. Sie bekamen ihr erstes Zähnchen, lächelten herzallerliebst, lernten laufen und sprechen. Die Familie und das Umfeld (nicht zuletzt die LehrerInnen!) formten ihren Charakter. Irgendwann sind sie mehr oder weniger zufällig zu Macht gekommen und haben nach und nach Appetit auf mehr bekommen, sogenannten Machthunger: dem Volk sagen können, wo's langgeht, eine Armee befehligen, Geld anhäufen und in ausländischen Banken verstecken, die Religion verstaatlichen und instrumentalisieren, die gute Erziehung vergessen und sich besser fühlen als alle anderen – echt geil! Besser: echt krank! Dabei weiß heute jedes Kind, dass alle Menschen, egal welcher Hautfarbe, welcher Religion, welcher Rasse, nur aus Protonen, Neutronen und Elektronen aufgebaut sind; oder auf Chinesisch: „Der Himmel wölbt sich über keinem Menschen im Besonderen!" Gilt übrigens auch für alle Monster!

Schon wieder meldet sich der Urinstinkt des nimmersatten Jägers und Sammlers, nur geht er diesmal als Monster über Leichen. Willkür, Raubzüge, Feldzüge, Genozide, das Monsterhamsterrad dreht sich immer schneller. Für den Planeten und die betroffenen Menschen eine Katastrophe. Der Machtmensch definiert sich neu über das Wirtschaftswachstum, über eine Armee mit modernsten Atomwaffen, mehr olympische Goldmedaillen, mehr Einfluss, mehr Geld.

Die Kriege gehören als das erklärt, was sie sind, als unglaublich brutal, traumatisierend und zerstörerisch. Es trifft Frauen und Kinder am schlimmsten, denn es geht immer um Vergewaltigung, Missbrauch und um das Vernichten ganzer Völker. Die weltweiten Genozide gehören unbedingt thematisiert (Indianer, Indios, Armenier, Juden, Rohingyas …). Die Feldherren werden in der Geschichte nicht mehr verherrlicht, sondern als perverse Machtmenschen abgestraft.

Demokratie

Zum Glück leben wir in einer Demokratie. Sie ist über weite Strecken ideal, um einen Staat gerecht zu regieren. Nur in Alarmsituationen unseres „zerbrechlichen Planeten“ (Michael Collins, Apollo 11) hat die direkte Demokratie zwei Haken. Erstens sind PolitikerInnen am Werk. PolitikerInnen sind, böse gesagt, liebe Menschen, die versuchen Probleme zu lösen, die wir ohne sie nicht hätten und sie sind hauptsächlich mit ihrer Wiederwahl beschäftigt. Zweitens mahlen die demokratischen Mühlen unendlich langsam, zu langsam, um die Erde zu retten. Nun ist es Zeit für die NGOs: Greenpeace, WWF, Pro Natura. Sie haben den richtigen Focus und das Know-how, um sich für die lebenswerte nachhaltige Zukunft der Kinder einzusetzen. Technokraten, höchst kompetente Wissenschaftler, müssen das Sagen haben. Sie kennen und verstehen die Probleme und wissen auch, wie man dagegen ankämpft. Die Entscheidungswege müssen kurz, sogar sehr kurz sein. So gelten manche Gesetze schon ab Mitternacht (z. B. Temporeduktion 22/55/77, Öffnung des Pannenstreifens für Elektromobilität, Einbau von Flüsterbelägen auf allen Straßen oder ab nächstem Jahr (Autobahnvignette 100 Sfr, Erhöhung des Benzin- und Heizölpreises um 50 Rp./Liter, gratis Verhütungsmittel, gratis Abtreibungen), Bau von Wasserstofftankstellen.

Eine Weltpolizei überwacht das Treiben auf unserer Erde und greift ein bei Fehlverhalten und Katastrophen. Die Bußen müssen wehtun und sind für die Hilfe, Forschung und Bildung willkommen.

Die Werbung braucht man nicht mehr, da das Wachstum nur noch qualitativer Art ist und was gut ist, spricht sich herum und hat auch seinen verdienten Preis. Billige Wegwerfartikel gibt es nicht mehr und gratis gibt’s schon gar nichts mehr, dafür ist unser blauer Planet zu wertvoll!

Osterinsel (nach Jared Diamond, Kollaps)

Forscher haben sich gewundert, wie Menschen mit einfachsten Mitteln solche gewaltigen Stein-Statuen erbauen konnten und dann plötzlich ausstarben. Die tonnenschweren Skulpturen mussten zuerst kunstvoll aus vulkanischem Gestein herausgehauen und dann an ihren mehrere Kilometer entfernten Bestimmungsort gebracht werden. Als Werkzeuge dienten lediglich Steinäxte und Meißel. Die Organisation musste hervorragend gewesen sein und das Volk gesund und fruchtbar, um einen so kunstvollen Kopf mit Hut zu bewerkstelligen. Religionsführer und Stammeshäuptlinge wollten sich gegenseitig mit immer noch größeren Köpfen übertrumpfen. Diese Arbeit brauchte starke Männer, da alles harte Handarbeit war. Der Hunger war ob der körperlichen Anstrengungen sehr groß und wurde von fleißigen Bäuerinnen gestillt. Das Ganze war aber auch eine Material- und Rohstoffschlacht; vor allem brauchte man sehr viel Holz für die Gerüste und für die Transportschienen. Auch zum Schiffbau, Heizen und zum Kochen der Unmengen Nahrungsmittel wurde anfänglich Holz verwendet, bis es rar wurde. Das Fehlen der Wälder gab die fruchtbare Vulkanerde der Erosion preis und veränderte das Mikroklima, dadurch sanken die Erträge auf den Äckern und stieg der Hunger der großen Bevölkerung. Wenn die Hungersnot so groß ist, dass Leute sterben, kommt es, dem nackten Überlebenstrieb gehorchend, zu Kannibalismus und dann zum raschen Niedergang des Volkes.

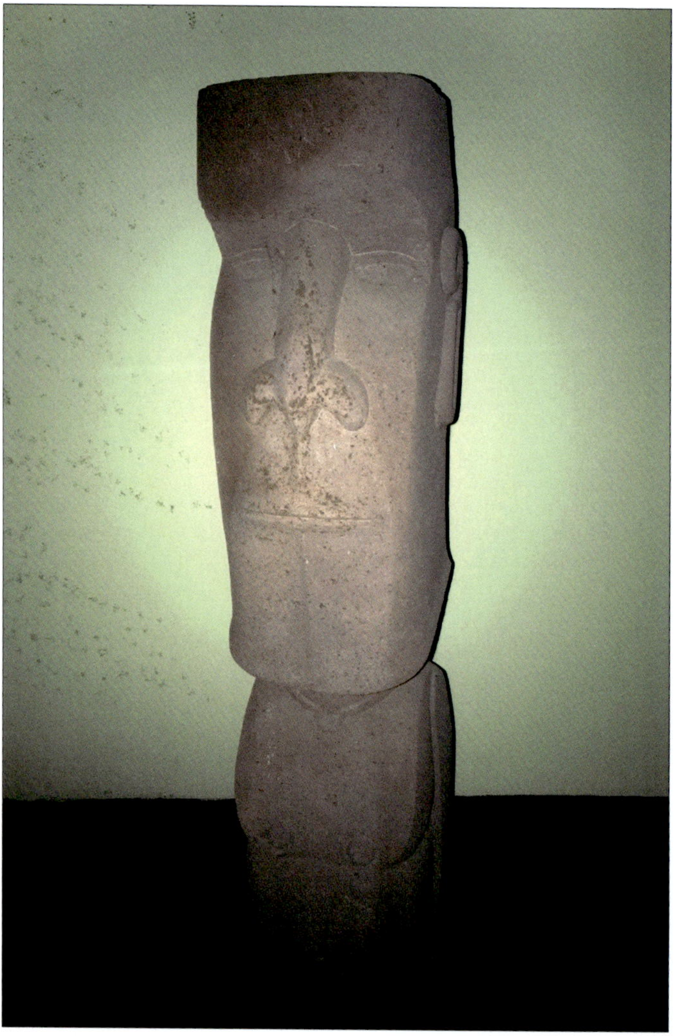

Ähnliche Köpfe zieren die Osterinsel, 887 an der Zahl, und zeugen von einer vergangenen Hochkultur. Unsere stummen Vermächtnisse könnten die 505 Reaktorgebäude der KKWs sein, die bis 2068 weltweit in Pension gehen (falls sie nicht schon früher hops gehen)

So etwas wird einer zivilisierten, hochtechnisierten Gesellschaft nie passieren, könnte man meinen. Wer plündert denn schon im Zeitalter von Computern und Smartphones seine Ressourcen aus, holzt gnadenlos seine (Ur-)Wälder ab und verändert durch seinen Lebensstil das Klima? Da muss man ja ganz schön blöd und von gestern sein!

Gestern gab's ja auch noch die Azteken, Wikinger, Ägypter, Römer und Griechen. Übrig bleiben stumme Zeitzeugen wie Gräber, Tempel, Schriften, Denkmäler, ... Diese Völker wussten damals nichts voneinander und haben in etwa alle die gleichen Fehler begangen, obwohl sie regional teilweise sehr weit auseinanderlagen. Dank des Internets sind wir heute überall gut und schnell informiert. Wir können sogar per Animation mitverfolgen, wie viele Hektar Urwald gerade abgeholzt werden.

Hierzu passt die alte Weisheit der Cree Indianer: „Erst wenn der letzte Baum gerodet, der letzte Fluss vergiftet und der letzte Fisch gefangen ist, werdet ihr feststellen, dass man Geld nicht essen kann!"

Vielleicht helfen uns die Religionen

Keine der fünf Weltreligionen hat es geschafft, Frieden in diese Welt zu bringen, im Gegenteil. Seit Jahrtausenden werden andersgläubige Ungläubige möglichst grausam abgeschlachtet (Kingdom of Heaven, ravished Armenia auf youtube).

Ich bin als kleiner, katholisch erzogener Junge jeweils mit meiner Urgroßmutter in die Kapelle am Dorfrand den Rosenkranz beten gegangen. Dort stand eine Plastik, die mich gleichwohl faszinierte wie irritierte. Zwei Männer blickten entzückt oder entrückt gen Himmel, wobei der eine dem anderen das Gedärm aus dem Bauch auf eine Haspel aufwickelte. Der Märtyrertod ist bekanntlich bis heute noch nicht ausgestorben, sondern vielmehr wieder in Mode gekommen.

Auch innerhalb der Religionen, zwischen kleineren Splittergruppen, ist die Toleranz minimal bis gar nicht vorhanden. Ein Beispiel aus jüngerer Vergangenheit sind die vielen Opfer in Nordirland, welche durch Terroranschläge von Protestanten und Katholiken zu beklagen sind. Im Islam sind es die Schiiten gegen die Sunniten, im Judentum die Orthodoxen gegen die Ultraorthodoxen. Die Buddhisten schienen bis dato am friedlichsten. Seit sie aber an den Rohingyas einen richtiggehenden Genozid praktizieren, habe ich die Hoffnung vollends aufgegeben.

Nun halte ich mich an zwei, wie mir scheinen will, vernünftige Grundsätze, gegen die hoffentlich weder Allah noch die heilige Dreifaltigkeit, noch Hindu, noch Buddha oder irgendwelche Götter der Antike und Moderne innerhalb und außerhalb des Universums etwas einzuwenden haben.

1. **Tue niemandem etwas an, das du nicht möchtest, dass man es dir antut.**
2. **Zukünftige Generationen sollen ein erfülltes, lebenswertes Leben führen können, wie ich es von 1955 bis heute leben durfte.**

Am sympathischsten ist mir die Mutter-Natur-Religion, „Mother Nature" auf Neudeutsch. Etwa so, wie sie die Indianer lebten, aber sicher ohne Tieropfer und ohne Menschenopfer. Sie ersetzt für mich auch die in der Hightech Welt grassierende „höher, schneller, weiter" Wachstums-religion. Bei Mutter Natur ist endlich einmal eine Frau am Ruder, mit dem richtigen Feingefühl für die Natur, die einem auch noch an Wunder und Zufälle glauben lässt. Zufällig wurde ich in eine katholische Familie in der Schweiz geboren. Ich hätte aber auch in eine mohammedanische Familie in Jemen oder Palästina hineingeboren werden können. Freiwillig tauschen möchte ich da nicht, erst recht nicht, wenn ich als Mädchen zur Welt gekommen wäre!

Zufällig bin ich auch in den Besitz eines Meteoriten gekommen. Wenn ich ihn in der Hand halte und betrachte, stelle ich mir vor, wie weit gereist und wie lange er wohl durchs Universum gerast ist, bis er eines Tages auf die Erde fiel. Die Fantasie lässt ihn über Jahrmillionen und -tausende von Lichtjahren an Galaxien vorbei durchs All sausen. Er wird zur Grußbotschaft aus dem Unvorstellbaren, und eines Tages krachte er auf den Erdboden, vielleicht mit einem wunderschönen Schweif und einem lauten Knall: „Hallo, hier bin ich und hier bleibe ich noch für einige hunderttausend Jahre, bis mich ein Mensch entdeckt, aufhebt, staunt und sich freut".

„Ohne Musik,

wäre das Leben ein Irrtum", philosophierte damals Nietzsche. Bei einem Vortrag zum Thema „Gehirn" an der Universität Zürich hörte ich einen interessanten Studienreport. Man kam zu dem Schluss, dass musizierende Kinder netter und intelligenter sind im Vergleich zu gleichaltrigen, die kein Instrument spielen. Einer meiner Höhepunkte in meiner Lehrerkarriere war die „Schoolband". Am Mittwochnachmittag, wenn schon alle Lehrer und Schüler zu Hause waren, probten wir in der Aula des Schulhauses für unsere Auftritte. Die Musikantinnen und Musikanten spielten die verschiedensten Instrumente und die Altersklasse erstreckte sich von den Viertklässlern bis zur Abschlussklasse, der neunten. Erstaunlich, was junge, motivierte Leute schon auf ihren Instrumenten zustande bringen. Praktisch jedes Jahr kristallisierte sich eine Solistin oder ein Solist heraus und spornte die ganze Band zu top Leistungen an. Die Auftritte waren immer ein Höhepunkt und brachten viel Leben in die Heime und Spitäler. Von engagierten Kolleginnen und Kollegen habe ich auch immer wieder Schülerchöre und/mit

Bands gehört, die alle Zuhörer begeisterten. In jedes Schulhaus gehört eine Band und/oder ein Schülerchor, sie sind die Visitenkarte einer Schule!

Sprachen

sind offenbar sehr wichtig. Weshalb sonst gäbe man so viel Geld aus für Lehrmittel, Lehrpersonen und deren Weiterbildung? Je früher man eine Fremdsprache lernt, desto leichter soll sie sich beherrschen lassen, sagen die Fachleute. Kommunikation sei das Wichtigste in unserer vernetzten Welt, verkündet die Wirtschaft. Diverse frühsprachliche Experimente wurden für teures Geld durchgezogen und anschließend für gescheitert erklärt. Teure Sprachportfolios und Lehrpläne zierten unbenutzt die hinterste Ecke des Schulzimmers und boten dem Staub eine ideale Landefläche. SchülerInnen und Folgelehrpersonen waren frustriert und das Geld weg. Dass SchülerInnen ihre Muttersprache beherrschen müssen, ist unbestritten. Die Zeit dazu muss sich die Schule nehmen und durch interessanten Lesestoff die Lernenden altersgerecht zum Lesen animieren. Ob eine Fremdsprache bereits in der Primarschule erlernt werden soll, wage ich nach all den gemachten kostspieligen Fehlversuchen zu bezweifeln. Leidtun können einem die überforderten SchülerInnen, welche frustriert eine neue Fremdsprache in der Oberstufe aufgezwungen bekommen. Man darf nie vergessen, dass alle Kinder genau **eine** Schulkarriere durchlaufen, eine zweite, verbesserte Chance gibt es nicht!

Moderne Lehrpläne bedienen sich auch einer modernen Sprache. Wie in aller Welt können Lernende in einem Fach „kompetent“ sein? Eine Kompetenz erhält man erst durch jahrelange Ausübung eines Berufes, wo man dann auch in schwierigen Situationen die Übersicht und die Nerven behält. Missbrauch gibt es eben auch in der Sprache.

Politiker sind Sprachkünstler in Wort und Schrift, sie dirigieren mit ihrer Sprache die Nationen. Sie sagen so viel, dass man nicht mehr weiß, was richtig oder falsch ist. Sie erklären nach ihren Reden in den Medien, was eigentlich gemeint war und dass alles nur ein Missverständnis war. Diese unglaubwürdige Rhetorik nützt niemandem und schon gar nichts in einem Katastrophenfall wie der Klimaerwärmung und der Umweltzerstörung. Da braucht es klare, eindeutige Befehlsausgaben, unmissverständlich für alle, egal wie gebildet oder ungebildet. Geredet und geschwatzt wurde genug, jetzt braucht's konkrete, mutige, unkonventionelle, knallharte Taten zur Rettung unserer Erde.

Schlagzeilen vom 19.11.2018 (rein zufällig)

- Kostenlose Kondome bekommen in Italien alle, die jünger als 26 Jahre alt sind, und Asylsuchende und Kranke
- Schweizer Gemüse im Seeland in Gefahr wegen des Klimawandels. 1 Milliarde (= 1000 Millionen) sind nötig für die Be- und Entwässerung
- Proteste in Frankreich wegen der Preiserhöhung von Benzin und Diesel: 27 Cent in 8 Jahren. 229 Verletzte und ein Todesopfer sind zu beklagen.
- Rekord-Lottogewinn in New York: 343,8 Millionen US Dollar
- Waldbrände in Kalifornien zerstören Tausende von Häusern und fordern Dutzende von Toten. Die Schäden gehen in die Milliarden.
- Neues Cabriolet BMW 8 mit 2 Tonnen, 4,85 m Länge, 1,9 m Breite, 4400 cm^3, 530 PS
- Roger Federer, 37 Jahre alt, verliert im Halbfinal des ATP gegen „seinen 16 Jahre jüngeren Sohn" Alexander Zverev
- Windpark in St. Croix, Jura, beschlossen

Die Hoffnung stirbt zuletzt

Zum Glück sind die Menschen neugierig und erfinderisch. Wie hätte man sonst auf den Mond fliegen oder den Elektromotor konstruieren können? Wie hätte man sonst die Apollo 13 Astronauten nach ihrer Havarie im Weltall wieder sicher auf die Erde zurückholen können (Film: Apollo 13 mit Tom Hanks, übrigens, in dieser Größenordnung sehe ich in etwa das Problem unserer Erde)? Vielleicht ist die Triebfeder hauptsächlich das Geld, zur Berühmtheit zu gelangen oder einfach besser zu sein als alle anderen? Wenn wir nun den Kindern zuliebe uns einschränken, uns opfern wie die Pelikanmutter für ihre leidenden Kinder, dann gibt es eine Zukunft. Eine Zukunft, die weiterhin voller Rätsel und Geheimnisse, spannend, aber immer lebenswert bleibt. Kinder sind genial, sie sind etwas vom Besten, was uns Mutter Natur geschenkt hat, sie werden es richten, wenn wir sie dabei unterstützen!

Vision 2020

- Die goldenen Fallschirme von gescheiterten/gefeuerten Managern werden wegen des schlechten Gewissens in einen Weltrettungsfond zurückgezahlt
- Greenpeace und WWF werden zur Weltpolizei
- Das Jugendparlament macht 75% der Regierungen aus, alles Wissenschaftler
- Alle Schweizer VIPs und PolitikerInnen fahren TWIKE und/oder ÖV
- Wasserstofftankstellen schießen wie Pilze aus dem Boden

Hymne an unsere Erde (nach der Musik von Barclay James Harvest: Hymn, Text, B.I.), schweizerdeutsch

1. Euse Planet chönnt für alli Lüüt es wunderschöns und friedlichs Paradies sii.
Wänn nume jede sich nöd so wichtig nähm
und nöd nur nach Macht und Geld so furchtbar gierig wär.
Nöd nur nach Macht und Geld – so furchtbar gierig wär.

2. Warum zerstöred mir d'Läbesgrundlag, vo künftige Generatione, Tier und Pflanze?
Wer git eus s'Rächt d'Natur uusz'büte
und e wüeschti, kaputti Landschaft, eusne Chind z'hinderlaa?
E wüeschti, kaputti Landschaft, eusne Chind z'hinderlaa?

3. Rette mer no, was me rette cha, bevor's endgültig und für immer z'schpaat wird sii!
Weniger isch i jedem Fall meh,
dänn s'unbegränzte Wachstum isch brutal zerschtörerisch!
Dänn s'unbegränzte Wachstum – isch brutal zerschtörerisch!

4. Was git's Schöners als es Lache vome Chind, und es Strahle vomene glückliche Chinder Augepaar?
Es git dir meh als jede materielle Bsitz,
das unbeschwerte Lache vomene Chind.
Das unbeschwerte Lache – vomene glückliche Chind.

hochdeutsch:

1. Unser Planet könnte für die Menschheit ein wunderschönes, friedliches Paradies sein, wenn nur jeder sich weniger wichtig nähm'
Und nicht nur nach Macht und Geld so furchtbar gierig wär.
Nicht nur nach Macht und Geld – so furchtbar gierig wär.

2. Weshalb zerstören wir die Lebensgrundlage zukünftiger Generationen, Tiere und Pflanzen?
Wer gibt uns das Recht die Natur auszubeuten
und eine wüste, kaputte Landschaft unseren Kindern zu überlassen?
Eine wüste, kaputte Landschaft unseren Kindern zu überlassen!

3. Retten wir noch, was man retten kann, bevor es endgültig und für immer zu spät sein wird!
Weniger ist in jedem Fall mehr,
denn das unbegrenzte Wachstum ist brutal zerstörerisch.
Denn das unbegrenzte Wachstum – ist brutal zerstörerisch.

4. Was gibt es Schöneres als das Lachen eines Kindes und das Strahlen eines glücklichen Kinder Augenpaares?
Es gibt dir mehr als jeder materielle Besitz, das unbeschwerte Lachen eines Kindes,
das unbeschwerte Lachen eines glücklichen Kindes.

- Braucht nur 2 Gitarrengriffe: Lerne Gitarre oder sonst ein Musikinstrument spielen!
- Helft einander gegenseitig bei den Hausaufgaben
- Spielt wieder mehr Schach, Kartenspiele oder Memory, statt mit dem Smartphone,
- Lotet eure Grenzen in der Pubertät neu aus durch sehr lange (Nacht-)Wanderungen und Velotouren

- Bekocht euch gegenseitig mit einfachen saisongerechten Geburtstagsmenus und Kuchen
- Verbringt Aktiv-Ferien in der Schweiz mit dem Rucksack, aufs Nötigste beschränkt
- Besucht an Festtagen alte Leute im Betagtenheim, Spital, Pflegeheim

Nachtrag

Bei der Drucklegung dieses Buches ist Greta Thunberg wie Phoenix aus der Asche auf den Weltbühnen erschienen. Ich bewundere diese junge Frau zutiefst, sie ist eine Heldin, bravo Greta! Mit den Klimastreiks macht sie den Anfang für eine Umkehr und hält der Erwachsenenwelt den Spiegel vor. Genau so habe ich mir das vorgestellt. Jedes Land, jede Stadt, jedes Dorf, jede Familie braucht eine Greta Thunberg!

The blue marble

Literatur

- Die Suppe lügt (Hans-Ulrich Grimm)
- Schluss mit dem Wachstumswahn (Urs P. Gasche/Hanspeter Guggenbühl)
- Kraftwerk Schweiz (Anton Gunzinger)
- Wie erreichen wir die Energiewende konkret? (Josef Jenni)
- Wir Schwätzer im Treibhaus (Marcel Hänggi)
- Kollaps (Jared Diamond)
- Grenzen des Wachstums (Club of Rome)

Der Autor

Beat Inderbitzin wurde 1955 in Zürich geboren und lebt heute im schweizerischen Ausserberg im deutschsprachigen Teil des Kantons Wallis.
Nach einer universitären Ausbildung arbeitete er als Sekundarlehrer. Er selbst bezeichnet sich als naturverbundenen Dorflehrer. Als Energiefreak ist er ein leidenschaftlicher Biker und Twiker. Letzterem Fortbewegungsmittel misst er große Bedeutung für die Zukunft bei.
Als Vater von drei Kindern, Großvater von vier Enkeln und Lehrer fühlt er eine große Verantwortung, zukünftigen Generationen eine lebenswerte Erde zu hinterlassen.
In seiner Freizeit treibt Beat Inderbitzin gern Sport und macht Jazzmusik als Klarinettist und Saxophonist.